MODERATE LEVEL

MATCHING CHINESE CHARACTERS

AND PINYIN

把汉字和拼音连起来

MANDARIN CHINESE PINYIN TEST SERIES

测试你的拼音知识

PART 7

Simplified Mandarin Chinese Characters with Pinyin and English, Mind Games, Test Your Knowledge of Pinyin with Multiple Answer Choice Puzzle Questions, Fast Reading & Vocabulary, Answers Included, Easy Lessons for Beginners, HSK All Levels

DENG YIXIN 邓艺心

ACKNOWLEDGEMENT

I would like to thank everyone who helped me complete this book, including my teachers, family members, friends, colleagues.

谢谢

Deng Yixin

邓艺心

INTRODUCTION

Chinese language and culture are a huge concept. In order to understand and appreciate Mandarin Chinese, we need to understand the language. Learning Chinese character is a very important part of learning the language. And, yes, learning pinyin is a must!

Welcome to **Connecting Chinese Characters and Pinyin Test Series**. Now you can test the knowledge of your Chinese pinyin (测试你的拼音知识). In these books and lessons therein, you will learn recognizing pinyin of the simplified Chinese characters. The books contain hundreds of character-pinyin matching **puzzles** (questions). For each question, there are Chinese characters in the left column and pinyin in the right column. You need to guess the correct pinyin of the given characters (把汉字和拼音连起来). The **English** meanings of the Chinese characters has been included a quick reference. The answers of all the question are provided at the end of the book.

CONTENTS

CHAPTER 1: QUESTIONS (1-30)

#1.

A. 志   1. Zhì (Aspiration)

B. 复   2. Jǔ (Irregular teeth)

C. 龃   3. Fù (Repeated)

D. 毕   4. Chǎn (Give birth to)

E. 产   5. Bì (To compare)

#2.

A. 在   1. Yā (Crow)

B. 彧   2. Fēi (Fly)

C. 扃   3. Yù (Elegant)

D. 蜚   4. Zài (At)

E. 鸦   5. Jiōng (A bolt or hook for fastening a door from outside)

#3.

A. 胖   1. Guī (Be converted to Buddhism)

B. 皋   2. Pán (Easy and comfortable)

C. 鸠   3. È (Strategic point)

D. 皈   4. Gāo (Marshland)

E. 陀   5. Jiū (Turtledove)

#4.

A. 鹃   1. Piān (Small)

B. 郛   2. Juān (Cuckoo)

C. 扁   3. Pén (Basin)

D. 盆   4. Fú (Outer wall of a city)

E. 阵   5. Zhèn (Battle array)

#5.

A. 射   1. Xiào (School)

B. 校   2. Shè (Shoot)

C. 戡   3. Xī (Tide during the night)

D. 屌   4. Kān (Suppress)

E. 汐   5. Diǎo (Penis)

#6.

A. 也   1. Zhèng (Disease)

B. 萦   2. Yíng (Entangle)

C. 症   3. Hào (Name)

D. 出   4. Yě (And also)

E. 号   5. Chū (Go out)

#7.

A. 韭   1. Tíng (Pavilion)

B. 碎   2. Suì (Break to pieces)

C. 邛   3. Qióng (Mound)

D. 亭   4. Zàng (Bury)

E. 葬   5. Jiǔ (Chives)

#8.

A. 餍   1. Pǔ (General)

B. 缤   2. Zhōu (Congee)

C. 普   3. Bīn (Abundant)

D. 粥   4. Yàn (Have had enough (food))

E. 览   5. Lǎn (Take a look at)

#9.

A. 翔   1. Gǔ (Valley)

B. 谷   2. Gāng (A surname)

C. 江   3. Láo (Work)

D. 劳   4. Xiáng (Circle in the air)

E. 解   5. Jiě (Separate)

#11.

A. 救   1. Tù (Vomit)

B. 吐   2. Bàng (Slander)

C. 谤   3. Jiù (Rescue)

D. 咔   4. Jī (Muscle)

E. 肌   5. Kā (Click)

#11.

A. 敖   1. Róng (Army)

B. 磊   2. Áo (Stroll)

C. 戎   3. Lěi (Of heap of stone)

D. 陷   4. Chén (Morning)

E. 晨   5. Xiàn (Pitfall)

#12.

A. 觑   1. Yào (Important)

B. 今   2. Yàn (Elegant)

C. 要   3. Guǎn (Accommodation for guests)

D. 彦   4. Qù (Look)

E. 馆   5. Jīn (This)

#13.

A. 署   1. Shǔ (A government office)

B. 陨   2. Fèi (Fee)

C. 郜   3. Yǔn (Fall from the sky or outer space)

D. 汀   4. Gào (A surname)

E. 费   5. Tīng (Spit of land)

#14.

A. 利   1. Lì (Sharp)

B. 存   2. Kǎ (Block)

C. 蒸   3. Jǔ (Collect)

D. 卡   4. Zhēng (Steam)

E. 弆   5. Cún (Exist)

#15.

A. 沸   1. Fèi (Boil)

B. 衬   2. Hàng (Tunnel)

C. 柰   3. Nài (A kind of apple)

D. 鹕   4. Chèn (Lining)

E. 巷   5. Chún (Quail)

#16.

A. 鸢   1. Qiǎng (Make an effort)

B. 强   2. Gěng (A well rope)

C. 绠   3. Jiā (Soak)

D. 措   4. Yuān (Kite)

E. 浃   5. Cuò (Manage)

#17.

A. 骴   1. Wù (The fifth of the ten Heavenly Stems)

B. 磐   2. Běn (Stem or root of plants)

C. 本   3. Cī (Skeleton)

D. 耙   4. Pá (Rake)

E. 戊   5. Pán (Big mountain stone)

#18.

A. 情   1. Hán (Cold)

B. 聿   2. Yùn (Pregnant)

C. 寒   3. Qíng (Feeling)

D. 失   4. Yù (Then)

E. 孕   5. Shī (Lose)

#19.

A. 鹆   1. Biào (Swim bladder of fish)

B. 鳔   2. Zhì (Sincere)

C. 沃   3. Kū (Dry)

D. 枯   4. Yù (Myna)

E. 挚   5. Wò (To water)

#20.

A. 耙   1. Qié (A surname)

B. 罚   2. Fá (Punish)

C. 沙   3. Pá (Rake)

D. 元   4. Shā (Sand)

E. 乩   5. Yuán (First)

#21.

A. 虹   1. Dú (Calf)

B. 况   2. Capture (Catch)

C. 犊   3. Chuài (Kick)

D. 踹   4. Jiàng (Rainbow)

E. 捡   5. Kuàng (Condition)

#22.

A. 观   1. Jǔ (Stop)

B. 沄   2. Lù (Good wine)

C. 醁   3. Liú (A weapon)

D. 刘   4. Guān (Observe)

E. 沮   5. Yún (Great wave)

#23.

A. 榅   1. Qǔ (Marry)

B. 娶   2. Yūn (A strong fragrance)

C. 泵   3. Tī (To kick)

D. 油   4. Yóu (Oil)

E. 踢   5. Bèng (Pump (e.g. air pump, water pump))

#24.

A. 沛   1. Bèi (A surname)

B. 霈   2. Gù (Turn round and look at)

C. 昵   3. Guài (Strange)

D. 怪   4. Nì (Close)

E. 顾   5. Yín (Excessive rain)

#25.

A. 鹉   1. Wǔ (Parrot)

B. 兰   2. Bó (Rich)

C. 池   3. Chí (Pool)

D. 盖   4. Gài (Cover)

E. 博   5. Lán (Orchid)

#26.

A. 貘   1. Jiā (Commend)

B. 缤   2. Shī (Shi, a state in the Zhou Dynasty)

C. 洎   3. Bīn (Abundant)

D. 邿   4. Jì (Reach (a point or a period of time))

E. 嘉   5. Mò (Tapir)

#27.

A. 飘   1. Jiāo (Pour liquid on)

B. 怖   2. Bù (Be afraid of)

C. 浇   3. Mào (Trade)

D. 释   4. Piāo (Float)

E. 贸   5. Shì (Explain)

#28.

A. 陆   1. Chèng (Rung)

B. 魛   2. Cháng (Skirt (worn in ancient China))

C. 掌   3. Dāo (Saury)

D. 豹   4. Bào (Leopard)

E. 裳   5. Liù (Six)

#29.

A. 更   1. Dàn (Egg)

B. 蛋   2. Màn (Graceful)

C. 龟   3. Guī (Tortoise)

D. 曼   4. Cōng (Faculty of hearing)

E. 聪   5. Gèng (More)

#30.

A. 於   1. Fán (Surname)

B. 条   2. Shé (A surname)

C. 樊   3. Tiáo (Article)

D. 佘   4. Yú (What)

E. 翟   5. Dí (Pheasant)

CHAPTER 2: QUESTIONS (31-60)

#31.

A. 戋   1. Liáng (Grain)

B. 粮   2. Jiōng (A bolt or hook for fastening a door from outside)

C. 虢   3. Cè (Survey)

D. 测   4. Jiān (Small)

E. 扃   5. Guó (Dukedom of Guo (a vassal state of the Zhou Dynasty))

#32.

A. 硌   1. Qiān (Sign)

B. 签   2. Shā (Sand)

C. 沙   3. Luò (Large stone)

D. 辛   4. Xīn (Hot)

E. 硅   5. Guī (Silicon)

#33.

A. 舣   1. Yǐ (Ochre)

B. 文   2. Liáo (Merely)

C. 驼   3. Tuó (Camel)

D. 聊   4. Wén (Character)

E. 盒   5. Hé (Box)

#34.

A. 刻   1. Dàn (Dawn)

B. 呼   2. Zī (This)

C. 兹   3. Hū (Breathe out)

D. 旦   4. Kè (Carve)

E. 胃   5. Juàn (Bird catching net)

#35.

A. 纠   1. Bīn (A surname)

B. 汴   2. Biàn (Another name for Kaifeng (in Henan Province))

C. 邠   3. Jiū (Correct)

D. 凉   4. Liáng (Cold)

E. 驾   5. Jià (Harness)

#36.

A. 蛮   1. Xiōng (Chest)

B. 匈   2. Nì (Cover or daub with plaster, putty, etc.)

C. 耗   3. Hào (Consume)

D. 泥   4. Níng (Peaceful)

E. 宁   5. Mán (An ancient name for southern nationalities)

#37.

A. 迈   1. Jiǎ (A surname)

B. 景   2. Jǐng (View)

C. 帘   3. Lián (Flag on pole over wine house)

D. 涩   4. Mài (Step)

E. 贾   5. Sè (Astringent)

#38.

A. 肴   1. Jú (Tangerine)

B. 豕   2. Yáo (Meat and fish dishes)

C. 非   3. Shǐ (Pig)

D. 橘   4. Fēi (Mistake)

E. 隼   5. Sǔn (Falcon)

#39.

A. 蹲   1. Dūn (Squat on the heels)

B. 失   2. Zhàn (Shiver)

C. 柜   3. Shī (Lose)

D. 李   4. Guì (Cupboard)

E. 颤   5. Lǐ (Plum)

#40.

A. 釜   1. Gāng (A surname)

B. 添   2. Tiān (Add)

C. 充   3. Fǔ (Boiler)

D. 江   4. Chōng (Sufficient)

E. 禀   5. Bǐng (Report)

#41.

A. 尥   1. Jǐng (Surname)

B. 井   2. Dù (Degree (temperature))

C. 礼   3. Fèn (Component)

D. 分   4. Lǐ (Courtesy)

E. 度   5. Liào ((Of a draught animal) kick backward with its hind
legs)

#42.

A. 另   1. Bù (Department)

B. 代   2. Lìng (Another)

C. 部   3. Dài (Take the place of)

D. 上   4. Huài (Bad)

E. 坏   5. Shàng (On)

#43.

A. 的   1. Zhuàn (Earn)

B. 签   2. Yǎn (Net for catching birds or fish)

C. 绳   3. Qiān (Sign)

D. 赚   4. Shéng (Rope)

E. 罨   5. Dì (Target)

#44.

A. 粼   1. Yūn (A strong fragrance)

B. 氲   2. Lín (Clear)

C. 示   3. Zhuì (Sprinkle wine on the ground during the sacrifice)

D. 祭   4. Zhài (Zhai, a state in the Zhou Dynasty)

E. 酹   5. Shì (Show)

#45.

A. 胭   1. Yān (Rouge)

B. 账   2. Zhàng (Account)

C. 魖   3. Xū (Dark)

D. 沄   4. Yún (Great wave)

E. 鲈   5. Lú (Perch)

#46.

A. 蒸   1. Yìn (Seal)

B. 摩   2. Mó (Rub)

C. 印   3. Zhēng (Steam)

D. 晷   4. Zǎo (Algae)

E. 藻   5. Guǐ (Sundial)

#47.

A. 肇   1. Zhào (Originate)

B. 踏   2. Xī (Warm)

C. 遮   3. Zhē (Cover)

D. 熹   4. Xiōng (Turbulent)

E. 汹   5. Tà (Step on)

#48.

A. 在   1. Chì (Imperial order)

B. 头   2. Tóu (Top)

C. 部   3. Bà (Pa)

D. 爸   4. Bù (Department)

E. 敕　　　　　　　　　5. Zài (At)

#49.

A. 昆　　　　　　　　　1. Kūn (Elder brother)

B. 雌　　　　　　　　　2. Cí (Female (dog, gorilla, elephant, etc.))

C. 更　　　　　　　　　3. Yuán (First)

D. 元　　　　　　　　　4. Tā (Undershirt)

E. 褐　　　　　　　　　5. Gèng (More)

#50.

A. 鄂　　　　　　　　　1. Dài (Nearly)

B. 乱　　　　　　　　　2. Tā (Undershirt)

C. 特　　　　　　　　　3. Tè (Particular)

D. 殆　　　　　　　　　4. È (Another name for Hubei Province)

E. 褐　　　　　　　　　5. Luàn (In a mess)

#51.

A. 痴　　　　　　　　　1. Yāng (Central)

B. 华　　　　　　　　　2. Tuì (Take off)

C. 称　　　　　　　　　3. Chēng (Call)

D. 央　　　　　　　　　4. Chī (Silly)

E. 褪   5. Huà (Flower)

#52.

A. 卷   1. Yuán (Pretty (used in female names))

B. 膀   2. Bàng (Row)

C. 媛   3. Chóng (Repeat)

D. 重   4. Zhǐ (Toe)

E. 趾   5. Juǎn (Embroil)

#53.

A. 跺   1. Xiè (Understand)

B. 魂   2. Hún (Soul)

C. 解   3. Lián (Feel tender toward)

D. 泵   4. Bèng (Pump (e.g. air pump, water pump))

E. 怜   5. Duò (Stamp)

#54.

A. 尔   1. Ěr (You)

B. 刹   2. Yǐ (Lean on or against)

C. 鲱   3. Fēi (Pacific herring)

D. 叛   4. Pàn (Betray)

E. 倚　　　　　　　　5. Chá (A surname)

#55.

A. 靳　　　　　　　　1. Jìn (Be stingy)

B. 悫　　　　　　　　2. Ē (Defecate)

C. 矸　　　　　　　　3. Hōng (Set off)

D. 烘　　　　　　　　4. Gān (A rock or cliff)

E. 屙　　　　　　　　5. Què (Sincere)

#56.

A. 凉　　　　　　　　1. Liàng (Cool)

B. 家　　　　　　　　2. Xiá (Flaw in a piece of jade)

C. 占　　　　　　　　3. Zhàn (Occupy)

D. 靓　　　　　　　　4. Jìng (Make up)

E. 瑕　　　　　　　　5. Jiā (My)

#57.

A. 霭　　　　　　　　1. Fén (Grave)

B. 孥　　　　　　　　2. Chóng (Repeat)

C. 坟　　　　　　　　3. Nú (Offspring)

D. 旱　　　　　　　　4. Hàn (Dry spell)

E. 重   5. Ǎi (Haze)

#58.

A. 旒   1. Tāng (Ford)

B. 衰   2. Liú (Tassel)

C. 趟   3. Gū (Large fishing net)

D. 通   4. Shuāi (Decline)

E. 罛   5. Tōng (Open)

#59.

A. 不   1. Jiàng (Thick)

B. 浆   2. Bù (Do not)

C. 觑   3. Qū (Narrow)

D. 圾   4. Sūn (A surname)

E. 孙   5. Jìshēng (Garbage)

#60.

A. 鞲   1. Bàn (Leather strap on the back of horse)

B. 郫   2. Jǐng (Trap)

C. 罗   3. Chuǎi (Surmise)

D. 阱   4. Pí (A surname)

E. 揣   5. Luō (A net for catching birds)

CHAPTER 3: QUESTIONS (61-90)

#61.

A. 犄 1. Jiào (Sleep)

B. 黦 2. Yuè (Yellowish-black)

C. 孕 3. Jī (Pin down)

D. 地 4. Dì (The earth)

E. 觉 5. Yùn (Pregnant)

#62.

A. 灰 1. Shù (Multitudinous)

B. 午 2. Wǔ (Noon)

C. 髋 3. Piāo (Float)

D. 飘 4. Kuān (Hip)

E. 庶 5. Huī (Ash)

#63.

A. 褟 1. Tā (Undershirt)

B. 准 2. Yòu (Young)

C. 晶 3. Dēng (Lamp)

D. 灯 4. Jīng (Crystal)

E. 幼   5. Zhǔn (Standard)

#64.

A. 卜   1. Huì (Plant)

B. 旨   2. Zhǐ (Purport)

C. 焚   3. Fén (Burn)

D. 莹   4. Bǔ (Divination)

E. 卉   5. Yíng (Jade-like stone)

#65.

A. 旬   1. Fèn (Strenuous)

B. 奋   2. Hésè (Rough)

C. 颇   3. Pō (Lake)

D. 糙   4. Xún (Ten days)

E. 泊   5. Pǒ (Inclined to one side)

#66.

A. 髓   1. Guà (Divinatory symbols)

B. 矣   2. Nè (That)

C. 卦   3. Zào (Black)

D. 皂   4. Suǐ (Marrow)

E. 那   5. Yǐ (Used at the end of a sentence (like 了))

#67.

A. 垃   1. Kǎo (Examine)

B. 考   2. Xiào (Resemble)

C. 刘   3. Lā (Garbage)

D. 孪   4. Liú (A surname)

E. 肖   5. Luán (Twin)

#68.

A. 烦   1. Fěi (Be at a loss for words)

B. 畚   2. Běn (A bamboo or wicker scoop)

C. 爱   3. Ài (Love)

D. 悱   4. Jiāng (Ginger)

E. 姜   5. Fán (Trouble)

#69.

A. 冷   1. Lěng (Cold)

B. 馃   2. Liàn (Lay a body in a coffin)

C. 猹   3. Lǚ (Lü (an ancient city in Shanxi Province))

D. 殓   4. Chá (A badger-like wild animal)

E. 邴   5. Guǒ (Cake)

#70.

A. 裳   1. Sū (Crisp)

B. 初   2. Chū (For the first time)

C. 酥   3. Cuō (White spirit)

D. 邓   4. Dèng (Deng, a state in the Zhou Dynasty)

E. 醝   5. Cháng (Skirt (worn in ancient China))

#71.

A. 蒜   1. Suàn (Garlic)

B. 盔   2. Kuī (Helmet)

C. 蝙   3. Shēn (Body)

D. 身   4. Qiáo (Raise)

E. 翘   5. Biān (Bats)

#72.

A. 鹫   1. Luán (Twin)

B. 孪   2. Jià (Harness)

C. 畏   3. Bāo (Afterbirth)

D. 胞   4. Jiù (Vulture)

E. 驾   5. Wèi (Fear)

#73.

A. 伪   1. Chàn (Quiver)

B. 颤   2. Pī (Young raccoon)

C. 邴   3. Wěi (Pseudo)

D. 狉   4. Píng (A surname)

E. 沛   5. Pèi (Copious)

#74.

A. 陡   1. Guǐ (Sundial)

B. 晷   2. Dǒu (Steep)

C. 充   3. Qián (Black)

D. 黔   4. Chōng (Sufficient)

E. 骱   5. Jiè (Joint of bones)

#75.

A. 彪   1. Bīn (A surname)

B. 雉   2. Bāo (Wrap)

C. 包   3. Cāi (Guess)

D. 猜   4. Zhì (Pheasant)

E. 邠   5. Biāo (Young tiger)

#76.

A. 张   1. Fàn (Float)

B. 暗   2. Wěi (Tail)

C. 昭   3. Zhāo (Show)

D. 尾   4. Àn (Dark)

E. 泛   5. Zhāng (A surname)

#77.

A. 忘   1. Xù (To raise (domestic animal))

B. 能   2. Néng (Ability)

C. 凿   3. Zuò (Certain)

D. 稣   4. Sū (Revive)

E. 畜   5. Wàng (Forget)

#78.

A. 雍   1. Qiān (Wrest away by hand)

B. 暄   2. Shí (Lose)

C. 搴   3. Yí (The Yihe River)

D. 蚀   4. Xuān (Warmth)

E. 沂   5. Yōng (Harmony)

#79.

A. 印   1. Fū (Hatch)

B. 腿   2. Jǔ (Lift)

C. 戛   3. Yìn (Seal)

D. 孵   4. Jiá (Knock gently)

E. 举   5. Tuǐ (Leg)

#80.

A. 歹   1. Gū (Buy)

B. 惚   2. Hū (Dim)

C. 沽   3. Tán (Shoot)

D. 备   4. Xī (Night)

E. 弹   5. Bèi (Have)

#81.

A. 卜   1. Xùn (Be poisoned or suffocated by coal gas)

B. 历   2. Lì (Experience)

C. 亢   3. Rěn (Bear)

D. 熏   4. Kàng (High)

E. 忍　　　　　　　　5. Bǔ (Divination)

#82.

A. 和　　　　　　　　1. Mó (Rub)

B. 岘　　　　　　　　2. Xiàn (A steep hill)

C. 磨　　　　　　　　3. Gè (Each)

D. 各　　　　　　　　4. Hú (Complete a set in mahjong)

E. 户　　　　　　　　5. Hù (One-paneled door)

#83.

A. 恢　　　　　　　　1. Suǒ (Trivial)

B. 琐　　　　　　　　2. Què (Crack)

C. 郤　　　　　　　　3. Huá (Sly)

D. 摹　　　　　　　　4. Mó (Trace)

E. 猾　　　　　　　　5. Huī (Extensive)

#84.

A. 无　　　　　　　　1. Chà (Buddhist temple)

B. 恧　　　　　　　　2. Wú (No)

C. 了　　　　　　　　3. Nǜ (Ashamed)

D. 刹　　　　　　　　4. Liǎo (Finish)

E. 板   5. Bǎn (Board)

#85.

A. 漆   1. Yì (Recall)

B. 贡   2. Zhà (Fraud)

C. 忆   3. Gòng (Pay tribute)

D. 盆   4. Pén (Basin)

E. 诈   5. Qī (Paint)

#86.

A. 龆   1. Jué (Discontented)

B. 汾   2. Chǎo (Stir-fry)

C. 觖   3. Tiáo ((Of a child) shed baby (or milk) teeth)

D. 炒   4. Fén (The name of a river in Shanxi Province)

E. 景   5. Jǐng (View)

#87.

A. 相   1. Yǎo (Far and deep)

B. 栈   2. Yù (Land within certain boundaries)

C. 窅   3. Zhàn (Shed)

D. 域   4. Shēng (Sound)

E. 声   5. Xiàng (Looks)

#88.

A. 洱   1. Wàng (Arrogant)

B. 耻   2. Yáng (Yang, the masculine or positive principle in
nature)

C. 妄   3. Chǐ (Shame)

D. 种   4. Chóng (A surname)

E. 阳   5. Ěr (Er He River (in Henan Province))

#89.

A. 汜   1. Zhūn (Grave)

B. 骷   2. Liáng (Grain)

C. 沧   3. Cāng ((Of the sea) dark blue)

D. 窀   4. Kū (Skull without skin or hair)

E. 粮   5. Sì (Ditch of stagnant water)

#90.

A. 忽   1. Tún (Stuffed dumplings)

B. 亥   2. Xiá (Be improperly familiar with)

C. 饨   3. Hū (Neglect)

D. 敏   4. Mǐn (Quick)

E. 犴

5. Hài (The last of the Twelve Earthly Branches)

CHAPTER 4: QUESTIONS (91-120)

#91.

A. 正   1. Gè (Individual)

B. 髯   2. Zhēng (The first moon)

C. 爽   3. Liú (Clear)

D. 个   4. Shuǎng (Bright)

E. 浏   5. Ér (Beard)

#92.

A. 仰   1. Yǎng (Face upward)

B. 趟   2. Tāng (Ford)

C. 朗   3. Lǎng (Light)

D. 瓻   4. Ōu (A surname)

E. 区   5. Chī (Wine pot)

#93.

A. 仿   1. Fǎng (Imitate)

B. 诺   2. Sù (Shiver or tremble from fear)

C. 续   3. Guān (Turn off)

D. 觫   4. Xù (Continued)

E. 关   5. Nuò (Promise)

#94.

A. 秃   1. Lóng (Gallery)

B. 甏   2. Yí (Doubt)

C. 窀   3. Tū (Bald)

D. 疑   4. Qū (Narrow)

E. 届   5. Jiè (Fall due)

#95.

A. 戎   1. Jiàn (Warship)

B. 舰   2. Hào (Consume)

C. 聒   3. Guā (Noisy)

D. 耗   4. Róng (Army)

E. 凋   5. Diāo (Withered)

#96.

A. 匦   1. Tài (Phthalein)

B. 郛   2. Dì (Handover)

C. 泊   3. Bó (Lie at anchor)

D. 递   4. Fú (Outer wall of a city)

E. 酏   5. Yí (Gourd-shaped ladle)

#97.

A. 制   1. Gě (A surname)

B. 幽   2. Pàn (Betray)

C. 踬   3. Zhì (Make)

D. 盖   4. Zhì (Stumble)

E. 叛   5. Yōu (Quiet)

#98.

A. 房   1. Zhǎ (Salted fish)

B. 鲊   2. Fáng (House)

C. 拧   3. Níng (Twist)

D. 邻   4. Kāng (Health)

E. 康   5. Lín (Neighbor)

#99.

A. 华   1. Diǎn (Stand on tiptoe)

B. 断   2. Jiá (Knock gently)

C. 跕   3. Bié (Change)

D. 别   4. Huá (Best)

E. 戛   5. Yín (Gum)

#100.

A. 猝   1. Dǎo (Lead)

B. 牙   2. Cūn (Chapped)

C. 导   3. Cù (Sudden)

D. 皴   4. Yá (Tooth)

E. 县   5. Xiàn (County)

#101.

A. 泡   1. Mí (Harness)

B. 縻   2. Tū (Convex)

C. 凸   3. Pào (Bubble)

D. 欸   4. Tǐng (A light boat)

E. 艇   5. Ǎi (Sigh)

#102.

A. 郴   1. Cōng (Faculty of hearing)

B. 姑   2. Chēn (A surname)

C. 赠   3. Guāng (Light)

D. 聪   4. Zèng (Gift)

E. 光   5. Gū (One's father's sister)

#103.

A. 修   1. Dào (Reverse)

B. 倒   2. Nà (That)

C. 产   3. Chǎn (Give birth to)

D. 掀   4. Xiū (Embellish)

E. 那   5. Xiān (Lift)

#104.

A. 骚   1. Zhì (An ancient drinking vessel)

B. 霁   2. Gū (Crime)

C. 辜   3. Jì (Cease raining or snowing)

D. 觯   4. Zhē (Bite)

E. 蜇   5. Sāo (Disturb)

#105.

A. 相   1. Fú (Creep)

B. 匐   2. Xī (Alkene)

C. 案   3. Àn (Table)

D. 烯   4. Xiàng (Looks)

E. 千   5. Qiān (Thousand)

#106.

A. 戌   1. Fēng (Abundance)

B. 丰   2. Pá (Lute)

C. 琶   3. Xū (The eleventh of the twelve Earthly Branches)

D. 续   4. Sǎo (Sister-in-law)

E. 嫂   5. Xù (Continued)

#107.

A. 尝   1. Gàn (Shank)

B. 男   2. Nán (Man)

C. 窨   3. Xūn (Basement)

D. 蒹   4. Jiān (Tall wetland grass)

E. 骭   5. Cháng (Taste)

#108.

A. 虔   1. Qián (Pious)

B. 亢   2. Pō (Slope)

C. 坡   3. Sōu (Great boat)

D. 艘   4. Duǒ (Hide)

E. 躲   5. Gāng (Neck)

#109.

A. 肆   1. Sì (Wanton)

B. 骶   2. Qián (Pious)

C. 桃   3. Xíng (A surname)

D. 虔   4. Dǐ (Sacrum)

E. 邢   5. Táo (Peach)

#110.

A. 总   1. Gě (Particular)

B. 川   2. Zhě (Reddish brown)

C. 馗   3. Chuān (River)

D. 各   4. Kuí (Path)

E. 赭   5. Zǒng (Assemble)

#111.

A. 陕   1. Guǒ (Fruit)

B. 果   2. Shǎn (Short for Shanxi Province)

C. 屾   3. Qīng (Blue or green)

D. 和   4. Hú (Complete a set in mahjong)

E. 青 5. Gài (Beggar)

#112.

A. 犍 1. Nè (That)

B. 殠 2. Chòu (Stink)

C. 沟 3. Líng (Clear and cool)

D. 泠 4. Jiān (Bullock)

E. 那 5. Gōu (Channel)

#113.

A. 戟 1. Chǐ (A note of the scale in gongchepu , corresponding to 2 in numbered musical notation)

B. 狈 2. Jìn (Present oneself before)

C. 造 3. Bèi (A wolf-like animal with short forelegs)

D. 尺 4. Zào (Make)

E. 觐 5. Jǐ (Halberd)

#114.

A. 贷 1. Xùn (Be poisoned or suffocated by coal gas)

B. 熏 2. Áo (Stroll)

C. 陂 3. Dài (Loan)

D. 筑 4. Pí (A word used in a place name)

E. 敖   5. Zhù (Build)

#115.

A. 棺   1. Qì (Almost)

B. 洄   2. Huí (Eddy)

C. 汔   3. Zhòu (Time)

D. 宙   4. Guān (Coffin)

E. 邺   5. Yè (An ancient place name)

#116.

A. 卿   1. Kuàng (Ore deposit)

B. 矿   2. Dùn (Escape)

C. 抓   3. Zhuā (Grab)

D. 毙   4. Bì (Fall down)

E. 遁   5. Qīng (A minister or a high official in ancient times)

#117.

A. 良   1. Liáng (Good people)

B. 量   2. Cè (Lavatory)

C. 厕   3. Chún (Mellow wine)

D. 臭   4. Xiù (Odor)

E. 醇   5. Liáng (Measure)

#118.

A. 拉   1. Shāng (Wound)

B. 在   2. Yǎ (Refined)

C. 雅   3. Táng (Purple)

D. 糖   4. Zài (At)

E. 伤   5. Lā (Pull)

#119.

A. 权   1. Fēng (Close)

B. 封   2. Niǔ (Be bound by)

C. 狃   3. Quán (Counterpoise)

D. 邯   4. Zhǒng (Species)

E. 种   5. Hán (A surname)

#120.

A. 垂   1. Wán (Weeping)

B. 汃   2. Fá (Punish)

C. 牟   3. Zǐ (Purple)

D. 紫   4. Móu (Try to get)

E. 罚

5. Chuí (Hang down)

#121.

A. 阩   1. Wò (Grip)

B. 握   2. Fù (Wealth)

C. 爹   3. Shòu (Longevity)

D. 寿   4. Diē (Father)

E. 富   5. Péi (Wall)

#122.

A. 紫   1. Yě (Smelt)

B. 志   2. Tǎn (Uneasy)

C. 顿   3. Zǐ (Purple)

D. 曼   4. Màn (Graceful)

E. 冶   5. Dú (A word used in a person's name)

#123.

A. 衬   1. Hán (Name of an ancient river)

B. 貉   2. Jiǔ (Cauterize)

C. 邘   3. Bì (Assist)

D. 弼   4. Chèn (Lining)

E. 炙	5. Háo (Raccoon dog)

#124.

A. 敏	1. É (Moth)

B. 耎	2. Ruǎn (Pliable)

C. 顷	3. Pǐ (Mound)

D. 嚭	4. Mǐn (Quick)

E. 蛾	5. Qǐng (Qing, a unit of area)

#125.

A. 蒹	1. Tà (Numerous and repeated)

B. 翊	2. Yì (Assist (a ruler))

C. 沓	3. Qiáo (Raise)

D. 翘	4. Jiān (Tall wetland grass)

E. 灸	5. Jiǔ (Cauterize)

#126.

A. 坚	1. Duò (Fall)

B. 堕	2. Jiào (Cry)

C. 靡	3. Mǐ (No)

D. 叫	4. Jiān (Hard)

E. 每   5. Měi (Each)

#127.

A. 耷   1. Dā (Ears hanging down)

B. 黍   2. Shǔ (Broomcorn millet)

C. 红   3. Hóng (Red)

D. 斑   4. Bó (Rich)

E. 博   5. Bān (Spot)

#128.

A. 量   1. Yào (Important)

B. 龇   2. Zī (Bare)

C. 畇   3. Yún (Tidily tilled)

D. 虾   4. Xiā (Shrimp)

E. 要   5. Liàng (Measure)

#129.

A. 宷   1. Fēi (Wrong)

B. 腚   2. Dāng (Work as)

C. 非   3. Zī (This)

D. 当   4. Dìng (Buttocks)

E. 兹   5. Wā (Low-lying area)

#130.

A. 另   1. Chén (Sink)

B. 沉   2. Shē (Lynx)

C. 龃   3. Jǔ (Irregular teeth)

D. 猞   4. Zhǐ (Purpose)

E. 旨   5. Lìng (Another)

#131.

A. 醖   1. Yún (Tidily tilled)

B. 浏   2. Liú (Clear)

C. 顾   3. Lín (Be close to)

D. 临   4. Yūn (A strong fragrance)

E. 畇   5. Gù (Turn round and look at)

#132.

A. 分   1. Sù (Lodge for the night)

B. 曾   2. Zēng (Great-grand)

C. 宿   3. Fèn (Component)

D. 买   4. Zào (Chirp)

E. 噪   5. Mǎi (Buy)

#133.

A. 巡   1. Yán (Prolong)

B. 震   2. Zhèn (Quake)

C. 凼   3. Kuài (Dirt clod)

D. 延   4. Xún (Patrol)

E. 耽   5. Dāngē (Delay)

#134.

A. 兰   1. Yàn (Counterfeit)

B. 庞   2. Páng (Huge)

C. 赝   3. Chá (A surname)

D. 惆   4. Chóu (Sad)

E. 刹   5. Lán (Orchid)

#135.

A. 且   1. Qīng (Incline)

B. 欻   2. Gē (Wart)

C. 倾   3. Wà (Hose)

D. 疙   4. Ēi (Hey)

E. 袜   5. Qiě (Just)

#136.

A. 硫   1. Jǐng (View)

B. 邻   2. Liú (Sulphur)

C. 占   3. Lín (Neighbor)

D. 髈   4. Zhān (Practice divination)

E. 景   5. Pǎng (Thigh)

#137.

A. 黩   1. Zhì (Young)

B. 恶   2. Shù (Multitudinous)

C. 清   3. Wū (How)

D. 庶   4. Qìng (Chilly)

E. 稚   5. Dú (Blacken)

#138.

A. 鸲   1. Xìn (Letter)

B. 然   2. Jī (Environs of a capital)

C. 卒   3. Yù (Myna)

D. 信   4. Rán (Right)

E. 畿　　　　　　　　5. Cù (Sudden)

#139.

A. 系　　　　　　　　1. Mò (Tapir)

B. 症　　　　　　　　2. Péng (Expand)

C. 膨　　　　　　　　3. Tíng (Pavilion)

D. 亭　　　　　　　　4. Zhèng (Disease)

E. 貘　　　　　　　　5. Jì (Tie)

#140.

A. 蜘　　　　　　　　1. Shèng (Historical works)

B. 乘　　　　　　　　2. Dí (Wash)

C. 演　　　　　　　　3. Bàn (Mix)

D. 涤　　　　　　　　4. Yǎn (Play)

E. 拌　　　　　　　　5. Zhī (Spider)

#141.

A. 尽　　　　　　　　1. Jí (Plough)

B. 氽　　　　　　　　2. Tǔn (Float)

C. 藉　　　　　　　　3. Zhà (For the first time)

D. 乍　　　　　　　　4. Jǐn (To the greatest extent)

E. 耤   5. Zhí (Tie)

#142.

A. 孱   1. Yú (A surname)

B. 亥   2. Hén (Mark)

C. 痕   3. Càn (Frail)

D. 屦   4. Jù (Straw sandals)

E. 俞   5. Hài (The last of the Twelve Earthly Branches)

#143.

A. 邗   1. Hán (Name of an ancient river)

B. 甙   2. Dài (Glucoside)

C. 泻   3. Shěng (Economize)

D. 省   4. Xiè (Flow swiftly)

E. 垃   5. Lā (Garbage)

#144.

A. 冶   1. Bó (Bottle gourd)

B. 陲   2. Cù (Sudden)

C. 匏   3. Yě (Smelt)

D. 妾   4. Chuí (Frontiers)

E. 卒   5. Qiè (Concubine)

#145.

A. 轧   1. Yǎn (Net for catching birds or fish)

B. 炫   2. Yì (Recall)

C. 忆   3. Yà (Roll)

D. 滑   4. Huá (Slip)

E. 罨   5. Xuàn (Dazzle)

#146.

A. 寂   1. Ōu (Gull)

B. 鸥   2. Jì (Lonely)

C. 污   3. Tuǒ (Appropriate)

D. 措   4. Cuò (Manage)

E. 妥   5. Wū (Sewage)

#147.

A. 鞦   1. Zōu (Zou, a state in the Zhou Dynasty)

B. 贱   2. Pān (Climb)

C. 珀   3. Jiàn (Cheap)

D. 攀   4. Pò (Amber)

E. 邹   5. Mò (Socks)

#148.

A. 觖   1. Jiá (Knock gently)

B. 崇   2. Jué (Discontented)

C. 称   3. Chóng (High)

D. 戛   4. Chí (Speed)

E. 驰   5. Chèn (Fit)

#149.

A. 酊   1. Dīng (Tincture)

B. 此   2. Zhì (Place)

C. 耋   3. Dié (Septuagenarian)

D. 疫   4. Yì (Epidemic disease)

E. 置   5. Cǐ (This)

#150.

A. 欻   1. Zhǎng (Rise)

B. 涨   2. Páo (Prepare Chinese medicine by roasting it in a pan)

C. 炮   3. Líng (Hear)

D. 夔   4. Kuí (A one-legged monster in the fables)

E. 聆   5. Ěi (Sigh)

ANSWERS (1-150)

#1.	C. Lù		B. Fèn	E. Jǐng	A. Qián	D. Dāng
A. Zhì	D. Liú	#44.	C. Pǒ		B. Gāng	E. Zī
B. Fù	E. Jǔ	A. Lín	D. Hésè	#87.	C. Pō	
C. Jǔ		B. Yūn	E. Pō	A. Xiàng	D. Sōu	#130.
D. Bì	#23.	C. Shì		B. Zhàn	E. Duǒ	A. Lìng
E. Chǎn	A. Yūn	D. Zhài	#66.	C. Yǎo		B. Chén
	B. Qǔ	E. Zhuì	A. Suǐ	D. Yù	#109.	C. Jǔ
#2.	C. Bèng		B. Yǐ	E. Shēng	A. Sì	D. Shē
A. Zài	D. Yóu	#45.	C. Guà		B. Dǐ	E. Zhǐ
B. Yù	E. Tī	A. Yān	D. Zào	#88.	C. Táo	
C. Jiōng		B. Zhàng	E. Nè	A. Ěr	D. Qián	#131.
D. Fēi	#24.	C. Xū		B. Chǐ	E. Xíng	A. Yūn
E. Yā	A. Bèi	D. Yún	#67.	C. Wàng		B. Liú
	B. Yín	E. Lú	A. Lā	D. Chóng	#110.	C. Gù
#3.	C. Nì		B. Kǎo	E. Yáng	A. Zǒng	D. Lín
A. Pán	D. Guài	#46.	C. Liú		B. Chuān	E. Yún
B. Gāo	E. Gù	A. Zhēng	D. Luán	#89.	C. Kuí	
C. Jiū		B. Mó	E. Xiào	A. Sì	D. Gě	#132.
D. Guī	#25.	C. Yìn		B. Kū	E. Zhě	A. Fèn
E. È	A. Wǔ	D. Guǐ	#68.	C. Cāng		B. Zēng
	B. Lán	E. Zǎo	A. Fán	D. Zhūn	#111.	C. Sù
#4.	C. Chí		B. Běn	E. Liáng	A. Shǎn	D. Mǎi
A. Juān	D. Gài	#47.	C. Ài		B. Guǒ	E. Zào
B. Fú	E. Bó	A. Zhào	D. Fěi	#90.	C. Gài	
C. Piān		B. Tà	E. Jiāng	A. Hū	D. Hú	#133.
D. Pén	#26.	C. Zhē		B. Hài	E. Qīng	A. Xún
E. Zhèn	A. Mò	D. Xī	#69.	C. Tún		B. Zhèn
	B. Bīn	E. Xiōng	A. Lěng	D. Mǐn	#112.	C. Kuài
#5.	C. Jì		B. Guǒ	E. Xiá	A. Jiān	D. Yán
A. Shè	D. Shī	#48.	C. Chá		B. Chòu	E. Dāngē
B. Xiào	E. Jiā	A. Zài	D. Liàn	#91.	C. Gōu	
C. Kān		B. Tóu	E. Lǚ	A. Zhēng	D. Líng	#134.
D. Diǎo	#27.	C. Bù		B. Ér	E. Nè	A. Lán
E. Xī	A. Piāo	D. Bà	#70.	C. Shuǎng		B. Páng

	B. Bù	E. Chì	A. Cháng	D. Gè	#113.	C. Yàn
#6.	C. Jiāo		B. Chū	E. Liú	A. Jǐ	D. Chóu
A. Yě	D. Shì	#49.	C. Sū		B. Bèi	E. Chá
B. Yíng	E. Mào	A. Kūn	D. Dèng	#92.	C. Zào	
C. Zhèng		B. Cí	E. Cuō	A. Yǎng	D. Chǐ	#135.
D. Chū	#28.	C. Gèng		B. Tāng	E. Jìn	A. Qiě
E. Hào	A. Liù	D. Yuán	#71.	C. Lǎng		B. Ēi
	B. Dāo	E. Tā	A. Suàn	D. Chǐ	#114.	C. Qīng
#7.	C. Chèng		B. Kuī	E. Ōu	A. Dài	D. Gē
A. Jiǔ	D. Bào	#50.	C. Biān		B. Xùn	E. Wà
B. Suì	E. Cháng	A. È	D. Shēn	#93.	C. Pí	
C. Qióng		B. Luàn	E. Qiáo	A. Fǎng	D. Zhù	#136.
D. Tíng	#29.	C. Tè		B. Nuò	E. Áo	A. Liú
E. Zàng	A. Gèng	D. Dài	#72.	C. Xù		B. Lín
	B. Dàn	E. Tā	A. Jiù	D. Sù	#115.	C. Zhān
#8.	C. Guī		B. Luán	E. Guān	A. Guān	D. Pǎng
A. Yàn	D. Màn	#51.	C. Wèi		B. Huí	E. Jǐng
B. Bīn	E. Cōng	A. Chī	D. Bāo	#94.	C. Qì	
C. Pǔ		B. Huà	E. Jià	A. Tū	D. Zhòu	#137.
D. Zhōu	#30.	C. Chēng		B. Qū	E. Yè	A. Dú
E. Lǎn	A. Yú	D. Yáng	#73.	C. Lóng		B. Wū
	B. Tiáo	E. Tuì	A. Wěi	D. Yí	#116.	C. Qìng
#9.	C. Fán		B. Chàn	E. Jiè	A. Qīng	D. Shù
A. Xiáng	D. Shé	#52.	C. Píng		B. Kuàng	E. Zhì
B. Gǔ	E. Dí	A. Juǎn	D. Pī	#95.	C. Zhuā	
C. Gāng		B. Bàng	E. Pèi	A. Róng	D. Bì	#138.
D. Láo	#31.	C. Yuán		B. Jiàn	E. Dùn	A. Yù
E. Jiě	A. Jiān	D. Chóng	#74.	C. Guā		B. Rán
	B. Liáng	E. Zhǐ	A. Dǒu	D. Hào	#117.	C. Cù
#10.	C. Guó		B. Guǐ	E. Diāo	A. Liáng	D. Xìn
A. Jiǔ	D. Cè	#53.	C. Chōng		B. Liáng	E. Jī
B. Tù	E. Jiōng	A. Duò	D. Qián	#96.	C. Cè	
C. Bàng		B. Hún	E. Jiè	A. Yí	D. Xiù	#139.
D. Kā	#32.	C. Xiè		B. Fú	E. Chún	A. Jì
E. Jī	A. Luò	D. Bèng	#75.	C. Bó		B. Zhèng

	B. Qiān	E. Lián	A. Biāo	D. Dì	#118.	C. Péng
#11.	C. Shā		B. Zhì	E. Tài	A. Lā	D. Tíng
A. Áo	D. Xīn	#54.	C. Bāo		B. Zài	E. Mò
B. Lěi	E. Guī	A. Ěr	D. Cāi	#97.	C. Yǎ	
C. Róng		B. Chá	E. Bīn	A. Zhì	D. Táng	#140.
D. Xiàn	#33.	C. Fēi		B. Yōu	E. Shāng	A. Zhī
E. Chén	A. Yǐ	D. Pàn	#76.	C. Zhì		B. Shèng
	B. Wén	E. Yǐ	A. Zhāng	D. Gě	#119.	C. Yǎn
#12.	C. Tuó		B. Àn	E. Pàn	A. Quán	D. Dí
A. Qù	D. Liáo	#55.	C. Zhāo		B. Fēng	E. Bàn
B. Jīn	E. Hé	A. Jìn	D. Wěi	#98.	C. Niǔ	
C. Yào		B. Què	E. Fàn	A. Fáng	D. Hán	#141.
D. Yàn	#34.	C. Gān		B. Zhǎ	E. Zhǒng	A. Jǐn
E. Guǎn	A. Kè	D. Hōng	#77.	C. Níng		B. Tǔn
	B. Hū	E. Ē	A. Wàng	D. Lín	#120.	C. Zhí
#13.	C. Zī		B. Néng	E. Kāng	A. Chuí	D. Zhà
A. Shǔ	D. Dàn	#56.	C. Zuò		B. Wán	E. Jí
B. Yǔn	E. Juàn	A. Liàng	D. Sū	#99.	C. Móu	
C. Gào		B. Jiā	E. Xù	A. Huá	D. Zǐ	#142.
D. Tīng	#35.	C. Zhàn		B. Yín	E. Fá	A. Càn
E. Fèi	A. Jiū	D. Jìng	#78.	C. Diǎn		B. Hài
	B. Biàn	E. Xiá	A. Yǒng	D. Bié	#121.	C. Hén
#14.	C. Bīn		B. Xuān	E. Jiá	A. Péi	D. Jù
A. Lì	D. Liáng	#57.	C. Qiān		B. Wò	E. Yú
B. Cún	E. Jià	A. Ǎi	D. Shí	#100.	C. Diē	
C. Zhēng		B. Nú	E. Yí	A. Cù	D. Shòu	#143.
D. Kǎ	#36.	C. Fén		B. Yá	E. Fù	A. Hán
E. Jǔ	A. Mán	D. Hàn	#79.	C. Dǎo		B. Dài
	B. Xiōng	E. Chóng	A. Yìn	D. Cūn	#122.	C. Xiè
#15.	C. Hào		B. Tuǐ	E. Xiàn	A. Zǐ	D. Shěng
A. Fèi	D. Nì	#58.	C. Jiá		B. Tǎn	E. Lā
B. Chèn	E. Níng	A. Liú	D. Fū	#101.	C. Dú	
C. Nài		B. Shuāi	E. Jǔ	A. Pào	D. Màn	#144.
D. Chún	#37.	C. Tāng		B. Mí	E. Yě	A. Yě

E. Hàng	A. Mài	D. Tōng	#80.	C. Tū		B. Chuí
	B. Jǐng	E. Gū	A. Xī	D. Ǎi	#123.	C. Bó
#16.	C. Lián		B. Hū	E. Tǐng	A. Chèn	D. Qiè
A. Yuān	D. Sè	#59.	C. Gū		B. Háo	E. Cù
B. Qiǎng	E. Jiǎ	A. Bù	D. Bèi	#102.	C. Hán	
C. Gěng		B. Jiàng	E. Tán	A. Chēn	D. Bì	#145.
D. Cuò	#38.	C. Qū		B. Gū	E. Jiǔ	A. Yà
E. Jiā	A. Yáo	D. Jìshēng	#81.	C. Zèng		B. Xuàn
	B. Shǐ	E. Sūn	A. Bǔ	D. Cōng	#124.	C. Yì
#17.	C. Fēi		B. Lì	E. Guāng	A. Mǐn	D. Huá
A. Cī	D. Jú	#60.	C. Kàng		B. Ruǎn	E. Yǎn
B. Pán	E. Sǔn	A. Bàn	D. Xùn	#103.	C. Qǐng	
C. Běn		B. Pí	E. Rěn	A. Xiū	D. Pǐ	#146.
D. Pá	#39.	C. Luō		B. Dào	E. É	A. Jì
E. Wù	A. Dūn	D. Jǐng	#82.	C. Chǎn		B. Ōu
	B. Shī	E. Chuǎi	A. Hú	D. Xiān	#125.	C. Wū
#18.	C. Guì		B. Xiàn	E. Nà	A. Jiān	D. Cuò
A. Qíng	D. Lǐ	#61.	C. Mó		B. Yì	E. Tuǒ
B. Yù	E. Zhàn	A. Jī	D. Gè	#104.	C. Tà	
C. Hán		B. Yuè	E. Hù	A. Sāo	D. Qiáo	#147.
D. Shī	#40.	C. Yùn		B. Jì	E. Jiǔ	A. Mò
E. Yùn	A. Fǔ	D. Dì	#83.	C. Gū		B. Jiàn
	B. Tiān	E. Jiào	A. Huī	D. Zhì	#126.	C. Pò
#19.	C. Chōng		B. Suǒ	E. Zhē	A. Jiān	D. Pān
A. Yù	D. Gāng	#62.	C. Què		B. Duò	E. Zōu
B. Biào	E. Bǐng	A. Huī	D. Mó	#105.	C. Mǐ	
C. Wò		B. Wǔ	E. Huá	A. Xiàng	D. Jiào	#148.
D. Kū	#41.	C. Kuān		B. Fú	E. Měi	A. Jué
E. Zhì	A. Liào	D. Piāo	#84.	C. Àn		B. Chóng
	B. Jǐng	E. Shù	A. Wú	D. Xī	#127.	C. Chèn
#20.	C. Lǐ		B. Nù	E. Qiān	A. Dǎ	D. Jiá
A. Pá	D. Fèn	#63.	C. Liǎo		B. Shǔ	E. Chí
B. Fá	E. Dù	A. Tā	D. Chà	#106.	C. Hóng	
C. Shā		B. Zhǔn	E. Bǎn	A. Xū	D. Bān	#149.
D. Yuán	#42.	C. Jīng		B. Fēng	E. Bó	A. Dīng

E. Qié	A. Lìng	D. Dēng	#85.	C. Pá		B. Cǐ
	B. Dài	E. Yòu	A. Qī	D. Xù	#128.	C. Dié
#21.	C. Bù		B. Gòng	E. Săo	A. Liàng	D. Yì
A. Jiàng	D. Shàng	#64.	C. Yì		B. Zī	E. Zhì
B. Kuàng	E. Huài	A. Bǔ	D. Pén	#107.	C. Yún	
C. Dú		B. Zhǐ	E. Zhà	A. Cháng	D. Xiā	#150.
D. Chuài	#43.	C. Fén		B. Nán	E. Yào	A. Ěi
E. Capture	A. Dì	D. Yíng	#86.	C. Xūn		B. Zhăng
	B. Qiān	E. Huì	A. Tiáo	D. Jiān	#129.	C. Páo
#22.	C. Shéng		B. Fén	E. Gàn	A. Wā	D. Kuí
A. Guān	D. Zhuàn	#65.	C. Jué		B. Dìng	E. Líng
B. Yún	E. Yăn	A. Xún	D. Chăo	#108.	C. Fēi	

Milton Keynes UK
Ingram Content Group UK Ltd.
UKHW051030221123
433051UK00018B/704